anythink

Animales de los humedales

de **Sharon Gordon**

Asesora de lectura: Nanci R. Vargus, Dra. en Ed.

Marshall Cavendish
Benchmark
Nueva York

Palabras ilustradas

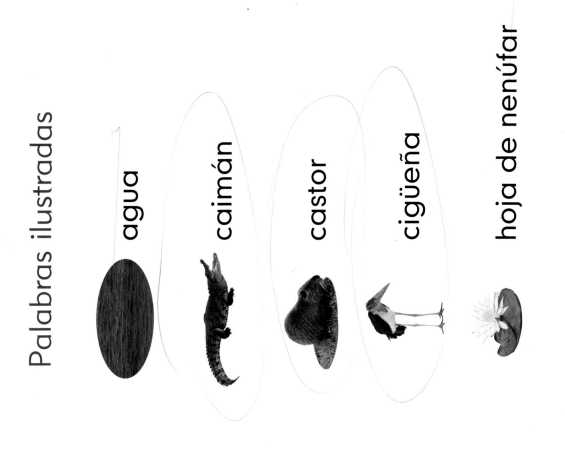

agua

caimán

castor

cigüeña

hoja de nenúfar

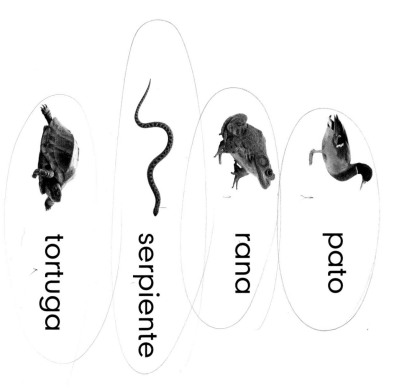

tortuga

serpiente

rana

pato

Los animales de los humedales viven cerca del ⬭ .

El nada cerca de los juncos.

La 🐢 descansa bajo el sol.

8

El  se sienta junto al ⬤ .

10

La  flota sobre una .

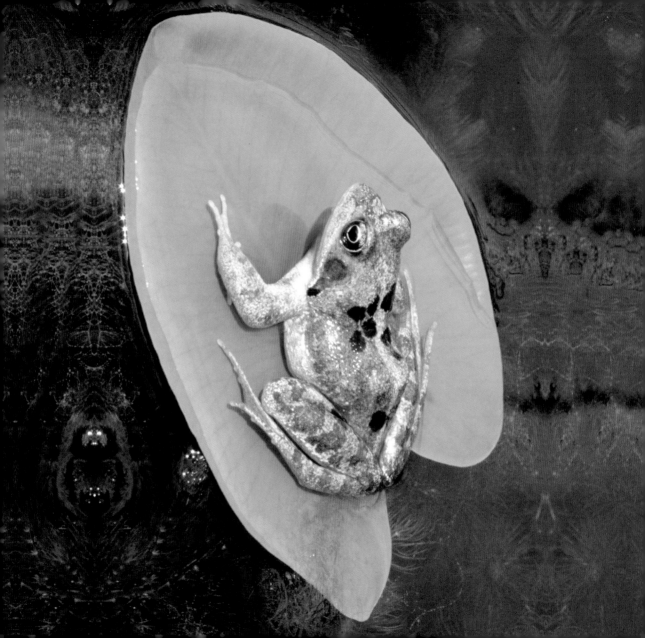

La se enrolla sobre un leño.

La come con su pico.

16

El  se esconde en el .

18

¿Qué haces tú en el ⬛ ?

Palabras para aprender

enrollarse acomodarse alrededor de algo

hoja de nenúfar hoja que flota

juncos hierba alta que crece en la orilla de lagos y ríos

Datos biográficos de la autora

Sharon Gordon es autora, editora y redactora publicitaria. Es egresada de la Universidad Estatal de Montclair en Nueva Jersey y ha escrito más de cien libros para niños, varios para Marshall Cavendish, entre los que se incluyen trabajos de ficción, no ficción e historia cultural. Junto con su familia, disfruta explorar la fauna y la flora de Outer Banks, Carolina del Norte.

Datos biográficos de la asesora de lectura

Nanci R. Nanci R. Vargus, Dra. en Ed., quiere que todos los niños disfruten con la lectura. Ella solía enseñar el primer grado. Ahora trabaja en la Universidad de Indianápolis. Nanci ayuda a los jóvenes para que sean maestros. Explora y fotografía los humedales de Cumberland Island, Georgia.

Marshall Cavendish Benchmark
99 White Plains Road
Tarrytown, NY 10591
www.marshallcavendish.us

Library of Congress Cataloging-in-Publication Data
Gordon, Sharon.
[Wetland animals. Spanish]
Animales de los humedales / por Sharon Gordon.
p. cm. – (Rebus. Animales salvajes)
Includes index
ISBN 978-0-7614-3433-7 (Spanish edition) – ISBN 978-0-7614-2904-3 (English edition)
1. Wetland animals–Juvenile literature. I. Title.
QL113.8.G6718 2008
591.768–dc22
2008018214

Editor: Christine Florie
Publisher: Michelle Bisson
Art Director: Anahid Hamparian
Series Designer: Virginia Pope

Traducción y composición gráfica en español de Victory Productions, Inc.
www.victoryprd.com

Photo research by Connie Gardner

Rebus images provided courtesy of Dorling Kindersley.

Cover photo by Jennifer Loomis/Animals, Animals

The photographs in this book are used by permission and through the courtesy of:
Corbis: p. 13, George McCarthy; p. 17, Darrell Gulin; p. 19, Farrell Grehan; p. 21, Hexx/plainpicture;
Minden Pictures: pp. 5, 7, 9, Jim Brandenberg; Animals, Animals: p. 11, Darren Bennett; p. 15, Allen Blake Sheldon.

Impreso en Malasia
1 3 5 6 4 2